Das Ultimative

Hunde

Buch für Kinder

100+ ERSTAUNLICHE FAKTEN, FOTOS
& HUNDE-QUIZ

Jenny Kellett

Copyright © 2023 by Jenny Kellett

Hunde Bücher: Das Ultimative Hundebuch für Kinder
www.bellanovabooks.com

Alle Rechte vorbehalten. Kein Teil dieses Buches darf ohne schriftliche Genehmigung des Autors in irgendeiner Form elektronisch oder mechanisch vervielfältigt werden, auch nicht durch Fotokopieren, Aufzeichnungen

ISBN: 978-619-264-111-5
Imprint: Bellanova Books

Inhalte

Einleitung 4

Hunde Fakten 6

Quiz 66

Wortsuche 70

Lösung 72

Quellen 75

DAS ULTIMATIVE HUNDEBUCH FÜR KINDER

EINLEITUNG

Es ist schwer, Hunde nicht zu lieben. In der Tat lebt in jedem fünften Haushalt in Deutschland einen Hund!

Aber wie viel weißt du wirklich über deinen Welpen oder Hund?

In diesem Buch erfährst du über 100 erstaunliche Dinge über deinen besten Freund. Von der riesigen Deutschen Dogge bis zum winzigen Chihuahua- du wirst in kürzester Zeit ein Kynologe (ein Experte für Hunde) sein!

Bist du bereit? *Los geht's!*

Ein King Charles Spaniel.

DAS ULTIMATIVE HUNDEBUCH FÜR KINDER

Hunde:
DIE FAKTEN

Hunde werden 14 Mal in der Bibel erwähnt.

...

Stadthunde leben durchschnittlich drei Jahre länger als Landhunde.

...

Dalmatiner werden komplett weiß geboren.

Ein Australian Kelpie

Der Australian Kelpie ist eine intelligente und freundliche Rasse, die zum Sammeln von Nutztieren wie Schafen verwendet wird.

DAS ULTIMATIVE HUNDEBUCH FÜR KINDER

Bobtail (engl. Old English sheepdog)

Der Bobtail ist ein sehr freundlicher, aber unglaublich pelziger Hund. Ihr Fell muss regelmäßig gebürstet werden, da sie ihr Fell nicht von alleine abwerfen können.

Im Jahr 1957 wurde ein Hund namens Laika mit dem russischen Raumschiff Sputnik 2 ins All geschossen.

•••

Hunde mögen den Regen nicht, weil das Geräusch zu laut für ihre Ohren ist.

•••

Border Collies und Pudel gelten als die intelligentesten Hunderassen, während Afghanen und der Basenji die am wenigsten Intelligenten sind.

DAS ULTIMATIVE HUNDEBUCH FÜR KINDER

Golden Retriever

Golden Retriever sind berühmt für ihre liebevolle Art und gehören zu den beliebtesten Hunderassen der Welt.

Der älteste Hund war ein Australian Cattle Dog namens Bluey, der 29 Jahre alt wurde.

...

Jedes Jahr am 10. Oktober ist der **Welthundetag**, der Ehrentag für den besten Freund des Menschen.

...

In sieben Jahren können eine Hündin und ihre weiblichen Kinder 4.372 Welpen bekommen!

DAS ULTIMATIVE HUNDEBUCH FÜR KINDER

Hunde haben nur zwischen ihren Pfotenballen Schweißdrüsen- nirgendwo sonst.

• • •

Einige Studien haben gezeigt, dass Hunde Krebs am Atem einer Person riechen und erkennen können.

• • •

Windhunde können eine Geschwindigkeit von 72 Kilometer pro Stunde erreichen!

• • •

Der echte Name von Toto, dem Hund im Film "Der Zauberer von Oz" war Terry.

Ein Galgo Español

Der Galgo ist sehr eng mit dem Windhund verwandt und wird oft gekreuzt.

DAS ULTIMATIVE HUNDEBUCH FÜR KINDER

Ein Afghanischer Windhund

Der Afghanische Windhund stammt aus den kalten Bergregionen Afghanistans, wo er auf sein langes, warmes Fell angewiesen ist.

Der kleinste Hund der Welt ist die Chihuahua Dame Miracle Milly aus Puerto Rico. Sie ist nur 9,65 Zentimeter hoch.

• • •

Wenn du deinen Hund vor dem Alter von sechs Monaten kastrieren lässt, kannst du sein Risiko Krebs zu bekommen verringern.

• • •

Weibliche Hunde sind circa 60 bis 65 Tage mit ihren Welpen schwanger, bevor sie geboren werden.

Es gibt viele bekannte Hunde in Film und Fernsehen. Beethoven ("Ein Hund namens Beethoven"), Lassie, Rex ("Kommissar Rex"), Snoopy (Die Peanuts"), Goofy, Pluto, Scooby Doo oder Susi und Strolch, um nur einige zu nennen.

• • •

Der Intelligenzgrad eines Hundes entspricht dem eines zweijährigen Menschen.

• • •

Der Herzschlag eines Hundes liegt zwischen 70 und 120 Schläge pro Minute. **Das Herz eines Menschen schlägt zwischen 70 und 80 Mal in der Minute.**

Eine Französische Bulldogge

Die Französische Bulldogge ist eine Kreuzung zwischen einer Bulldogge und einem Terrier. Es stammt aus England und ist eine der wenigen Hunderassen, die nicht schwimmen können.

Der Rottweiler

Rottweiler stammen ursprünglich aus Deutschland und werden häufig als Wachhunde eingesetzt. Sie sind nach der Stadt Rottweil in Deutschland benannt.

Die beliebtesten Namen für einen männlichen Hund sind Balu, Buddy, Milo und Rocky. Die beliebtesten weiblichen Namen sind Luna, Emma, Bela oder Maja.

• • •

Die höchste Hundepopulation der Welt gibt es in den USA. Brasilien kommt an zweiter Stelle, gefolgt von China auf Platz drei.

• • •

Der Geruchssinn eines Hundes ist 100.000 mal besser als der des Menschen.

Das Ohr eines Hundes besitzt über 18 Muskeln.

• • •

Hunde waren die ersten Tiere, die vom Menschen domestiziert (gezähmt) wurden.

• • •

Die Form des Gesichts eines Hundes kann dabei helfen, seine Lebenserwartung zu schätzen.

• • •

Die Nase eines Hundes hat über 200 Zellen, die Gerüche aufnehmen.

Ein Labradoodle

Der Labradoodle ist eine Kreuzung zwischen einem Labrador und einem Pudel.

DAS ULTIMATIVE HUNDEBUCH FÜR KINDER

Der Dalmatiner

Keine zwei Dalmatiner haben das gleiche Muster.

George Washington hatte 36 Hunde - allesamt English Foxhounds.

• • •

Jedes Jahr sterben in den USA ungefähr 15 Menschen an Hundebissen.

• • •

Es gibt verschiedene Gerüche im Urin eines Hundes, die anderen Hunden verrät, ob der Hund männlich oder weiblich, alt oder jung, krank oder gesund ist.

Genau wie Menschenbabys werden Chihuahua-Welpen mit einer weichen Stelle im Schädel geboren, die sich mit dem Alter schließt.

• • •

Schon kleine Mengen von Weintrauben, Rosinen und Schokolade können bei deinem Hund ernsthafte Krankheiten verursachen.

• • •

Menschen, die Haustiere besitzen, leben angeblich länger, haben weniger Stress und weniger Herzinfarkte.

Der Maltipoo

Sie sind eine Kreuzung zwischen Malteser und Pudel.

DAS ULTIMATIVE HUNDEBUCH FÜR KINDER

Ein Siberischer Husky Welpe

Sibirische Huskys können schwierig als Haustiere zu halten sein, da sie für ihre Houdini-ähnlichen Fluchtfähigkeiten berühmt sind.

Hunde-Nasenabdrücke sind so einzigartig wie menschliche Fingerabdrücke und können zur Identifizierung verwendet werden.

• • •

Studien zeigen, dass das Streicheln eines Hundes deinen Blutdruck senken kann.

• • •

Apfel- und Birnenkerne enthalten eine Chemikalie namens Arsen, das für Hunde tödlich sein kann.

• • •

Jeder fünfte Haushalt in Deutschland besitzt einen Hund.

Windhunde haben das beste Sehvermögen von allen Hunderassen.

• • •

Erwachsene Hunde haben 42 Zähne.

• • •

80 Prozent der Hundebesitzer/innen beschenken ihre Hunde zu Feiertagen wie Weihnachten und Geburtstagen.

• • •

Die Schulterblätter von Hunden sind nicht mit ihrem Skelett verbunden, was ihnen das Rennen ermöglicht.

Ein Pomsky

Der Pomsky ist eine Kreuzung zwischen einem pommerschen und einem Sibirischen Husky.

Der erste Sinn, den Welpen entwickeln, ist der Tastsinn.

• • •

Hunde haben doppelt so viele Muskeln in ihren Ohren wie Menschen.

• • •

Lundehunde haben sechs Zehen an jedem Fuß!

• • •

Entgegen dem, was viele Menschen denken, sind Hunde nicht farbenblind. Allerdings sehen sie Farben nicht so lebhaft wie Menschen.

Ein Yorkshire Terrier

Das Fell des Yorkshire Terriers hat eine ähnliche Textur wie menschliches Haar.

DAS ULTIMATIVE HU

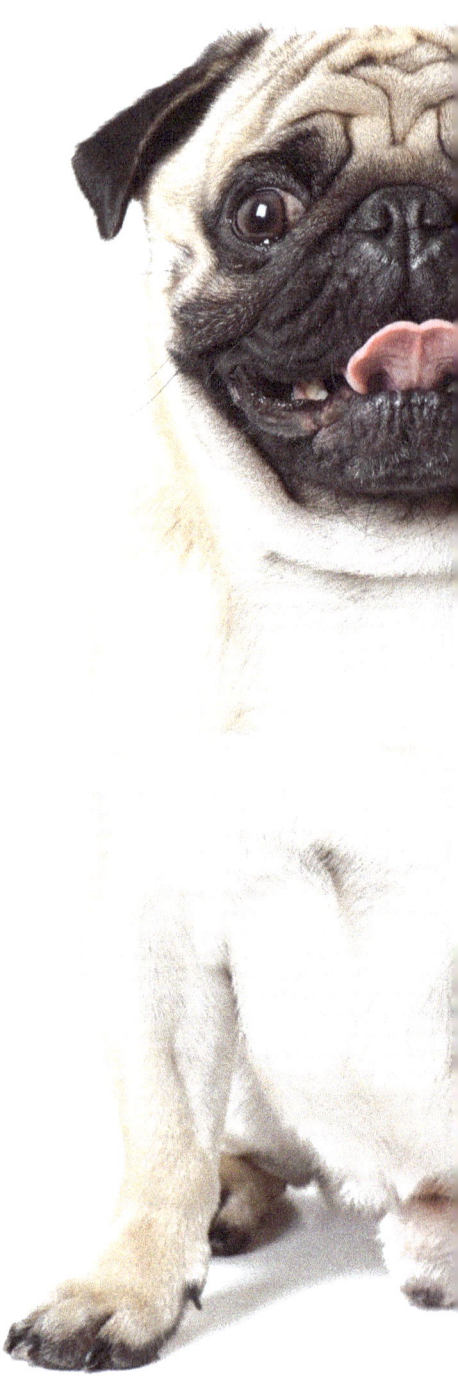

Mops

Möpse sind eine der ältesten Hunderassen der Welt und seit langem werden sie mit Königen in Verbindung gebracht.

Präriehunde gehören eigentlich zur Familie der Eichhörnchen.

...

Genau wie Menschen durch Blutspenden Leben retten können, können Hunde das Gleiche tun! Wenn sie die gleiche Blutgruppe teilen, kann das Blut eines Hundes verwendet werden, um einen anderen zu retten.

...

Hunde können bis zu 250 Wörter und Gesten verstehen sowie grundlegende mathematische Berechnungen durchführen.

Einige streunende Hunde in Russland haben herausgefunden, wie sie das U-Bahn-System benutzen können, um sich fortzubewegen und Futter zu finden.

• • •

Der Beatles Song *'A day in the life'* wurde mit einem hohen Pfeifton im Hintergrund aufgenommen, welchen nur Hunde hören können!

• • •

Blindenhunde pinkeln und machen ihr Geschäft auf Abruf, sodass ihre Besitzer/innen wissen, wann sie hinter ihnen aufräumen müssen.

Basenji

Der Basenji ist eine alte Rasse, die in Zentralafrika beheimatet ist. Es hat einen leicht faltigen Kopf und spitze Ohren.

DAS ULTIMATIVE HUNDEBUCH FÜR KINDER

Border Collies

Border Collies sind unglaublich schlau – tatsächlich wird angenommen, dass sie die klügste Hunderasse sind, die es gibt, und sie können eine große Anzahl von Wörtern und Befehlen lernen.

Hyänen sind näher mit Katzen verwandt als mit Hunden.

• • •

Stachelhalsbänder wurden im antiken Griechenland erfunden, um den Hals der Hunde vor Wolfsangriffen zu schützen.

• • •

Hunde trinken Wasser, indem sie den hinteren Teil ihrer Zungenrücken zu einem kleinen Becher formen.

• • •

Hunde haben drei Augenlider.

DAS ULTIMATIVE HUNDEBUCH FÜR KINDER

Ein West Highland Terrier

Der auch als „Westie" bekannte West Highland Terrier stammt aus den felsigen Regionen Schottlands, nach denen er benannt ist. Sie sind großartige Haustiere, da sie sehr loyal sind.

In den USA haben über 1 Million Hundebesitzer/innen ihren Hund als Hauptbegünstigten in ihrem Testament eingesetzt!

• • •

Der Basenji ist der einzige Hund der Welt, der nicht bellt.

• • •

Hunde rollen sich im Schlaf zu einem Ball zusammen, um sich warm zu halten und vor Raubtieren zu schützen.

Es gibt hunderte von verschiedenen Hunderassen, die in zehn verschiedene Gruppen eingeteilt werden:
Hütehunde & Treibhunde, Pinscher & Schnauzer – Molossoide – Schweizer Sennenhunde, Terrier, Dachshunde (Dackel), Spitze und Hunde vom Urtyp, Laufhunde, Schweißhunde und verwandte Rassen, Vorstehhunde, Apportierhunde – Stöberhunde – Wasserhunde, Gesellschaft- und Begleithunde, Windhunde.

...

Schätzungsweise leben 500 Millionen Hunde auf der Welt.

Brauner Labrador

Etwa 23,8 % der geborenen Labradore sind braun; 44,6 % sind schwarz und 27,8 % gelb.

DAS ULTIMATIVE HUNDEBUCH FÜR KINDER

Der Weimaraner

Ursprünglich wurde der Weimarener im frühen 19. Jahrhundert als Jagdhund gezüchtet.

33 Prozent der Hundebesitzer/innen haben zugegeben, dass sie mit ihren Hunden am Telefon sprechen, manche hinterlassen ihnen sogar Sprachnachrichten!

• • •

Alle Hunde sind Nachkommen von Wölfen.

• • •

Zwei Hunde überlebten den Untergang der Titanic - ein Zwergspitz und ein Pekinese.

• • •

45 Prozent der Hunde schlafen im Bett ihrer Besitzer/innen!

Chow-Chow Hunde sind berühmt für ihre blauschwarzen Zungen, dabei werden sie eigentlich mit rosa Zungen geboren. Ihre Zungen ändern ihre Farbe, wenn sie etwa 8-10 Wochen alt sind.

• • •

Welpen entwickeln ihr vollständiges Gebiss im Alter zwischen vier und sechs Monaten.

• • •

Hunde haben keinen Blinddarm.

Deutsche Dogge

Zusammen mit ihrem Verwandten, dem Irishen Wolfshund, ist die Deutsche Dogge eine der größten Hunderassen der Welt.

DAS ULTIMATIVE HUNDEBUCH FÜR KINDER

Ein Deutscher Spitz (engl. Pomeranian)

Deutsche Spitze sehen vielleicht klein aus, aber sie waren nicht immer so. Sie stammen eigentlich von großen Schlittenhunden ab.

Entgegen dem, was viele Leute denken, sind die Kanarischen Inseln (eine Gruppe von Inseln vor der Ostküste Afrikas) nicht nach Vögeln benannt, sondern nach den den großen Hunden, die auf den Inseln lebten.

...

Haushunde sind Allesfresser. Das bedeutet, sie fressen Fleisch, Körner und Gemüse.

...

Hundeohren bewegen sich unabhängig voneinander.

Hunde bellen aus einer Vielzahl von Gründen, aber oft um Aufmerksamkeit von anderen Menschen oder Hunden zu bekommen.
Einige weitere Gründe, warum Hunde bellen, sind, um ihr Territorium zu schützen, ein Bedürfnis auszudrücken oder um ein Spiel zu starten.

...

In den ersten Wochen ihres Lebens verbringen Welpen 90 Prozent ihres Tages mit Schlafen.

...

Chihuahuas wurden nach einem Bundesstaat in Mexiko benannt, wo sie entdeckt wurden.

Dobermann

Der Dobermann ist eine hochintelligente deutsche Hunderasse. Sie werden oft als Sicherheits- und Polizeihunde eingesetzt, da sie aggressiv werden können. Wenn sie als Haustiere gehalten werden, muss man sie sehr gut erziehen.

Der Boxer

Boxer sind sehr liebevolle Hunde und bei Familien beliebt. Sie wurden erstmals nach dem Ersten Weltkrieg in den Vereinigten Staaten eingeführt, wurden aber erst Ende der 1930er Jahre populär.

Der Irische Wolfshund ist die größte Hunderasse der Welt.

• • •

Vier von fünf Hunden, die älter als drei Jahre sind, haben eine Zahnfleischerkrankung.

• • •

Hunde können riechen, wenn du krank bist.

• • •

Eine Person, die Hunde liebt, nennt man einen Canophilisten!

Wenn du deinen Hund anlächelst und deine Zähne zeigst, sehen sie es nicht als ein Lächeln - sie sehen es als ein Zeichen von Aggression.

• • •

Dackel (oder Dachshunde) können nicht schwimmen.

• • •

Der Deutsche Schäferhund wird oft eingesetzt, um Bomben oder Drogen zu erschnüffeln, da er einen sehr guten Geruchssinn hat. Zudem ist er sehr intelligent, beschützt seine Liebsten, ist kinderlieb und ist sehr loyal. Kein Wunder warum er unter Familien und als "Polizeihund" so beliebt ist.

Malteser

Der Malteser ist eine der ältesten Hunderassen der Welt. Aristoteles beschrieb die Malteser als „perfekt proportioniert".

DAS ULTIMATIVE HUNDEBUCH FÜR KINDER

Corgi

Das Wort „Corgi" kommt von den walisischen Wörtern „cor", was Zwerg bedeutet, und „gi", was Hund bedeutet.

Der Bernhardiner ist in der Regel die schwerste Hunderasse.

• • •

In den USA werden jedes Jahr 6,2 Millionen Welpen geboren. Im Vergleich dazu werden nur 4 Millionen Menschenbabys pro Jahr geboren.

• • •

Wenn ein Welpe ein Jahr alt wird, ist er ein Erwachsener. In Menschenjahren ist er etwa 15 Jahre alt.

• • •

Hunde hecheln, um sich abzukühlen.

Welpen fangen mit 28 Zähnen an, bevor sie ihre 42 Zähne bekommen und ausgewachsen sind.

• • •

Hunde haben eine spezielle Membran in ihren Augen, die es ihnen ermöglicht, im Dunkeln zu sehen.

• • •

Wenn Hunde nach dem Toilettengang treten, ist es, um ihren Geruch so weit wie möglich zu verbreiten.

Dachse oder Dachshunde

Die Rasse, die auch als „Wursthund" bekannt ist, entstand, bevor der Hot Dog erfunden wurde. Tatsächlich hieß der Hot Dog ursprünglich „Dackelwurst".

Basierend auf der durchschnittlichen Lebenserwartung von elf Jahren, liegen die Kosten für einen Hund bei etwa 12.000 bis 20.000€.

• • •

Die Bart- oder Schnurrhaare eines Hundes sind berührungsempfindliche Haare, die auch als Sinushaare oder Vibrissen bezeichnet werden. Sie befinden sich an der Schnauze, über den Augen und unter dem Kiefer und bemerken tatsächlich winzige Veränderungen des Luftstroms.

• • •

Kleinere Hunderassen sind schneller ausgewachsen als größere Rassen.

Hunde mit tiefen Falten müssen täglich gewaschen werden. Schmutz kann sich ansammeln und zu Geruch oder Entzündungen führen.

•••

Hunde reagieren oft unterschiedlich auf Männer und Frauen.

•••

Manche Hunde lecken sich die Pfoten und reiben dann ihre Pfoten an ihrem Kopf, um sich zu säubern - ähnlich wie eine Katze!

Hunde können eifersüchtig werden. Sie können versuchen, ein Paar zu unterbrechen oder bellen um Aufmerksamkeit, wenn du am Telefon bist!

• • •

Einer der bekanntesten Schäferhunde ist Kommissar Rex (bekannt aus dem Fernsehen).

• • •

Teddy Roosevelts Hund, Pete, riss einem französischen Botschafters im Weißen Haus die Hose runter!

Deutscher Schäferhund

Deutsche Schäferhunde sind traditionelle Hütehunde aus Deutschland. Sie sind berühmt für ihren Geruchssinn – der empfindlichste aller Hunderassen.

DAS ULTIMATIVE HUNDEBUCH FÜR KINDER

Rhodesian Ridgeback

Der Rhodesian Ridgeback ist eine südafrikanische Hunderasse, die ursprünglich zur Vertreibung von Löwen gezüchtet wurde. Der Hund auf dem Bild sieht klein aus, da es nur ein Welpe ist. Diese Hunde werden riesig!

Fettleibigkeit ist das Gesundheitsproblem Nummer eins bei Hunden.

•••

Hunde haben kein Gefühl für Zeit.

•••

Kynophobie ist die Angst vor Hunden.

•••

Nur Hunde und Menschen haben eine Prostata.

DAS ULTIMATIVE HUNDEBUCH FÜR KINDER

Dackel wurden ursprünglich für die Jagd gezüchtet, um Füchse und Dachse aufzuspüren.

• • •

Hunde beurteilen Objekte zuerst nach ihrer Bewegung, dann nach ihrer Helligkeit und zuletzt nach ihrer Form.

• • •

Alle Hunde besitzen die gleiche Anatomie - 321 Knochen und 42 bleibende Zähne.

Nova Scotia Duck Tolling Retriever

Auch als „Toller" bekannt, ist er die kleinste Retrieverrasse.

HUNDEQUIZ

Nun ist die Zeit gekommen dein Wissen zu testen! Kannst du alle unten stehenden Fragen richtig beantworten?

Teste dich, deine Freunde oder Familie! Die richtigen Antworten findest du auf den folgenden Seiten. Viel Glück!

1 Wie viele Zähne hat ein ausgewachsener Hund?

2 Sind Hunde farbenblind? Wahr oder Falsch?

3 Was machen Hunde, um sich abzukühlen?

4 Wie viel Prozent am Tag schlafen Welpen in den ersten Wochen?

5 Hunde können eifersüchtig werden. Wahr oder Falsch?

(Zwerg-) Schauzer

6 Wie viele Augenlider besitzen Hunde?

7 Wie heißt die größte Hunderasse?

8 Welche Hunderasse besitzt sechs Zehen an jedem Fuß?

9 Welchen Sinn entwickeln Welpen als Erstes?

DAS ULTIMATIVE HUNDEBUCH FÜR KINDER

Vier Wochen alte Beagle-Welpen.

10 Können Dackel schwimmen?

11 Wie viel mal besser ist der Geruchssinn eines Hundes verglichen mit dem Menschen?

12 Wie lange sind Hunde schwanger bevor die Welpen geboren werden?

13 Welche Hunde gelten als die Intelligentesten?

14 Warum mögen Hunde keinen Regen?

15 Welchen Namen hatte der Hund, der mit dem russischen Raumschiff Sputnik 2 ins All geschossen wurde?

16 Was sollten Hunde nicht essen, da dies bei Hunden zu ernsthaften Krankheiten führen kann?

17 Welche Hunderasse bellt nicht?

18 Was sehen Hunde als Zeichen für Aggression?

ANTWORTEN

1. 42
2. Wahr
3. Sie hecheln
4. Ungefähr 90%
5. Wahr
6. Drei
7. Irischer Wolfshund
8. Lundehunde
9. Den Tastsinn
10. Nein
11. 100.000 mal besser
12. 60-65 Tage
13. Pudel und Border Collie
14. Weil das Geräusch zu laut ist
15. Laika
16. Weintrauben, Rosinen und Schokolade. Auch Apfel- und Birnenkerne sind giftig für Hunde.
17. Der Basenji
18. Wenn man ihnen die Zähne zeigt

HUNDE WORTSUCHE

```
A G D S D C H U N D V C
G D W E L P E C X A Z J
H K K P O I B N M C E U
F H K Y Q H L E L K W Y
G Z X V N H O G L E A R
R O H K W O L F P L G D
Q F O D S A L M K L E S
W B H F Z D X O C V K N
N N H G Y F D S G Y I V
Z A B G D Q Z F S E D C
X J S K I Y R G D A S X
A L L E S F R E S S E R
```

Kannst du alle unten stehenden Wörter im Puzzle links finden?

HUND	DACKEL	GOOFY
KYNOLOGE	BELLEN	ALLESFRESSER
WOLF	NASE	WELPE

LÖSUNG

						H	U	N	D		
		W	E	L	P	E		A			
		K			B			C			
		Y				E		K			
G			N			L		E			
	O		W	O	L	F		L			
	O			L				E			
	F				O				N		
N			Y			G					
	A					E					
	S										
A	L	L	E	S	F	R	E	S	S	E	R

QUELLEN

"**Dog Facts**". 2022. American Kennel Club. https://www.akc.org/expert-advice/lifestyle/dog-facts/.

"**42 Amazing Facts About Dogs**". 2019. Mental Floss. https://www.mentalfloss.com/article/564264/dogs-puppies-facts.

"**52 Fun Facts About Dogs**". 2022. Reader's Digest. https://www.rd.com/list/dog-facts-you-didnt-know/.

"**Dog Facts**". 2022. Natgeo Kids. https://www.natgeokids.com/uk/discover/animals/general-animals/dog-facts/.

"**Amazing facts about dogs**". 2021. The Wildest. https://www.thewildest.com/dog-behavior/amazing-facts-about-dogs.

"**Dog | History, Domestication, Physical Traits, Breeds, & Facts**". 2022. Encyclopedia Britannica. https://www.britannica.com/animal/dog.

"**Dog - Wikipedia**". 2022. En.Wikipedia.Org. https://en.wikipedia.org/wiki/Dog.

"**Great Dane - Wikipedia**". 2015. En.Wikipedia. Org. https://en.wikipedia.org/wiki/Great_Dane.

"**Saint Bernard - Wikipedia**". 2022. En.Wikipedia. Org. https://en.wikipedia.org/wiki/Saint_Bernard.

"**30 Unique Dog Breeds You've Never Heard Of—Until Now**". 2022. Reader's Digest Canada. https://www.readersdigest.ca/home-garden/pets/10-unique-dog-breeds/.

"**Things you didn't know about the dachshund**". 2022. American Kennel Club. https://www.akc.org/expert-advice/lifestyle/things-you-didnt-know-about-the-dachshund/.

"**Boxer facts you might not know**". 2022. American Kennel Club. https://www.akc.org/expert-advice/lifestyle/boxer-facts-you-might-not-know/.

Wir hoffen du hast ein paar spannende Fakten über Hunde gelernt!

Welcher war dein Favorit? Wir würden das gerne von dir in einer Bewertung erfahren.

Besuche uns auf:
www.bellanovabooks.com/books/deutsch
für noch mehr großartige Bücher.
and Geschenke!

DAS ULTIMATIVE HUNDEBUCH FÜR KINDER

Auch von Jenny Kellett

... und viele mehr!

Erhältlich in allen bekannten online Buchhandlungen